YANN LECLERC

j'aime et je cuisine

la figue

Photographies d'Anthony Lanneretonne

rustica éditions

Dépôt légal : août 2007
ISBN : 978-2-84038-758-9
N° d'éditeur : 48650 (F 07016)

Sommaire

Sommaire

Sommaire

Plus encore que l'olive, la figue est l'emblème absolu de la Méditerranée gourmande, fruit accessible par excellence dans ses régions de production – où les figuiers font déborder leurs juteuses invitations au plaisir jusqu'au-dessus des trottoirs –, devenant rare et précieux au nord de la Garonne, à déguster lentement pour ne pas le gâcher. La figue est en effet un fruit fragile et délicat, qu'il convient de traiter avec égards...

la figue

Comment la choisir

Une belle figue doit être souple au toucher, avoir la peau légèrement bombée et surtout pas ridée. Son pédoncule doit se dresser fièrement vers le ciel, sans fêlures excessives à sa base. Une goutte de suc laiteux peut en revanche s'en exsuder, signe de fraîcheur. Privilégiez les figues rangées en cagettes alvéolées et fuyez les pyramides de figues négligemment montées sur les étals... Enfin, sa couleur n'est pas un signe de maturité : suivant les variétés, les figues sont blanches, vertes, violettes ou même noires.

Comment la conserver

Très fragile, la figue demande déjà beaucoup d'attention lors de son transport : achetez de préférence une cagette entière (quitte à en profiter pour négocier le prix), ou bien achetez vos figues en petites quantités, en dernier pour ne pas les transporter sur le marché pendant une heure... Sitôt rentré,

Ses atouts-santé

À poids égal, la figue fraîche n'est pas plus calorique que la pomme ou la prune, par exemple. Aussi peut-on en déguster à satiété. Elle est riche en sels minéraux (potassium, ainsi que magnésium ou phosphore) et en oligo-éléments. Chaque figue contient ainsi 0,3 mg de fer. Elle renferme aussi des vitamines, surtout du groupe B, et est riche en fibres, qui, lorsqu'elle est bien mûre, aident à digérer et à prévenir la constipation. La figue séchée, quant à elle, contient autant de fibres que les pruneaux. Mais comptez alors 270 calories aux 100 g...

La saison préférée de la figue

Janv.	Fév.	Mars	Avr.	Mai	Juin	**Juil.**	**Août**	**Sept.**	**Oct.**	Nov.	Déc.

gardez-les à température ambiante (le froid dénature leurs arômes), de préférence debout, sans qu'elles se touchent. Consommez-les rapidement après l'achat, surtout si elles sont bien mûres.

Ses variétés

De nombreuses variétés de figues sont cultivées en France, mais elles sont relativement peu présentes sur les marchés, du fait de leur fragilité...

- Les figues noires ou violettes sont de loin les plus répandues, simplement parce qu'elles sont plus appétissantes que leurs homologues vertes ou blanches... La violette de Solliès, originaire du Var, envahit les étals, ce qui est heureux, car c'est l'une des meilleures figues qui soient : sa chair rouge framboise, bien charnue, est délicieuse. Sa peau épaisse justifie qu'on l'épluche. Les figues des variétés dauphine (très tôt dans la saison, dès mi-juin) ou pastilière (très fruitée, à la peau plus fine) font également leur apparition sur les marchés.

- Les figues vertes ou blanches sont un vrai délice. Moins destinées à la consommation crue, elles se marient en revanche très bien avec les viandes ou même les poissons, et font merveille dans les confitures. La marseillaise (veinée de raies jaunes) ou la longue d'août (en forme de petite banane ventrue) en sont les variétés les plus courantes.

- Les figues séchées ne sont pas à dédaigner, même si elles ne possèdent pas la finesse de leurs cousines fraîches. Généralement originaires de Turquie, elles sont élaborées à partir de variétés très sucrées et goûteuses, et leur parfum puissant les destine à accompagner les viandes comme le gibier. Choisissez toujours des figues séchées « moelleuses », qui ont conservé une partie de leur eau, elles sont plus fines et savoureuses. Elles sont également un parfait en-cas pour les après-midi sportifs des petits et grands.

Trucs et astuces

- La figue fraîche, qu'elle soit destinée à être consommée telle quelle ou cuite, n'a pas besoin d'être épluchée. Pour autant, certaines variétés ont la peau plus épaisse que d'autres, et surtout toutes les figues ne sont pas parfaitement fraîches... Le transport ou les meurtrissures causées par les manipulations successives sur les étals imposent parfois leur épluchage.

- Pour éplucher des figues, c'est très simple. Supprimez d'abord le pédoncule, puis fendez l'extrémité supérieure de la figue en croix. Tirez délicatement les quatre bandes de peau jusqu'à la base, puis donnez un coup sec pour les arracher.

- Conservez vos figues séchées à température ambiante, dans leur sachet bien refermé ou dans une boîte hermétique.

- Fruit fraîcheur par excellence, la figue se déguste telle quelle ! Accompagnée d'un excellent jambon de Parme et arrosée d'un filet d'huile d'olive des Baux-de-Provence, elle constitue un sublime hors-d'œuvre...

Caviar de figues au piment de Cayenne

4 PERS. // PRÉPARATION : 20 MIN // CUISSON : 30 MIN

- 10 belles figues violettes
- 1 botte d'oignons nouveaux
- 2 tomates pas trop mûres
- 2 citrons verts
- 15 cl d'huile d'olive
- 1 pincée de piment de Cayenne moulu
- Sel, poivre

Variante

Pour une saveur moins pimentée mais plus aromatique, remplacez le piment de Cayenne par une petite branche de romarin. Mais pensez à la retirer avant de mixer !

Portez à ébullition une casserole d'eau et ébouillantez-y les tomates pendant 20 secondes. Ressortez-les avec une écumoire, rafraîchissez-les sous l'eau courante, puis pelez-les. Coupez-les en quatre, épépinez-les et détaillez-les en dés.

Pelez et émincez les bulbes et le début des tiges vertes des oignons nouveaux. Incisez en croix le haut des figues et pelez-les délicatement en tirant les languettes de peau vers le bas. Pressez les citrons verts pour recueillir leur jus.

Faites chauffer 1 cuillerée à soupe d'huile d'olive dans une sauteuse, ajoutez les oignons, les dés de tomate et les figues pelées. Laissez frémir le tout sur feu doux, pendant environ 30 min, en ayant soin de remuer de temps à autre pour vérifier que la compotée n'attache pas.

Coupez le feu, salez, poivrez et ajoutez le piment de Cayenne. Laissez refroidir. Versez le tout dans le bol d'un mixeur et faites fonctionner l'appareil, à vitesse minimale, pour obtenir une pâte homogène. Incorporez en filet, sans cesser de mixer, l'huile d'olive restante et le jus de citron vert. Rectifiez au besoin l'assaisonnement et réservez au frais.

Servez avec des toasts bien croustillants et un vin blanc de Loire ou d'Alsace.

Petites figues grillées au lard

4 PERS. // PRÉPARATION : 4 MIN // CUISSON : 7 MIN

- **12 petites figues blanches ou violettes**
- **12 fines bandes de lard**
- **Poivre**

Préchauffez le four à 210 °C (th. 7). Entourez chaque figue d'une bande de lard, en l'enveloppant le plus possible. Transpercez figue et lard d'une pique en bois, de part en part, pour maintenir le tout bien en place. Disposez-les au fur et à mesure dans un plat à four.

Poivrez, mais ne salez pas (le lard l'est déjà). Enfournez pour 7 min environ : le lard doit croustiller sans brûler !

Laissez tiédir pendant quelques minutes avant de servir. Proposez en accompagnement une salade de mesclun aux noix ou aux pignons de pin, assaisonnée au vinaigre balsamique.

Variantes

Remplacez le lard par de fines tranches de bacon (réduisez le temps de cuisson de moitié). Pour une ambiance plus italienne, utilisez du speck ou de la pancetta, mais oubliez le four et servez vos figues déguisées... froides !

Carpaccio de figues à la mozzarella

4 PERS. // PRÉPARATION : 12 MIN // MACÉRATION : 20 MIN

- 10 figues noires (ou violettes)
- 2 boules de mozzarella de bufflonne
- 2 tomates
- 1 citron
- 4 cuil. à soupe d'huile d'olive
- 1 cuil. à café de thym effeuillé
- Sel, poivre

Pelez les figues si elles le nécessitent, puis tranchez-les dans la longueur, avec un couteau bien aiguisé, pour obtenir des tranches de 2 ou 3 mm d'épaisseur. Disposez-les au fur et à mesure dans 4 grandes assiettes de service.

Détaillez également la mozzarella en tranches les plus fines possible. Intercalez-les entre des tranches de figue.

Portez à ébullition une casserole d'eau et ébouillantez-y les tomates pendant 20 secondes. Égouttez-les, rafraîchissez-les sous l'eau courante, puis pelez-les. Coupez-les en quatre, épépinez-les et détaillez-les en dés. Répartissez-les sur les carpaccios.

Pressez le citron, versez son jus dans un bol. Salez et poivrez, ajoutez l'huile d'olive et le thym, battez à la fourchette pour émulsionner. Nappez les carpaccios de cet assaisonnement et laissez macérer au frais, pendant 20 min, avant de servir.

Conseil

Choisissez des figues pas trop mûres, sinon il sera extrêmement difficile de les trancher… Au besoin, passez-les préalablement au réfrigérateur pendant quelques minutes, pour les raffermir.

Figues farcies au fromage frais sur lit de roquette

4 PERS. // PRÉPARATION : 10 MIN // CUISSON : 1 MIN

- **12 figues violettes**
- **200 g de brillat-savarin**
- **200 g de roquette**
- **1 bouquet de ciboulette**
- **40 g de pignons de pin**
- **2 cuil. à café de vinaigre balsamique**
- **1 cuil. à café d'huile de noisette**
- **3 cuil. à soupe d'huile d'olive**
- **Sel, poivre**

Ôtez le pédoncule des figues, puis fendez-les en quatre, jusqu'à mi-hauteur. Dans chacune d'elles, déposez un morceau de brillat-savarin en le travaillant le moins possible, afin de préserver sa texture fine.

Lavez et essorez la roquette, puis mettez-la dans un saladier. Mélangez dans un bol le vinaigre balsamique, du sel, du poivre, l'huile de noisette et l'huile d'olive. Nappez la roquette de cet assaisonnement et mélangez.

Répartissez la roquette assaisonnée dans les assiettes de service. Ajoutez 3 figues farcies sur chacune, parsemez-les de ciboulette ciselée.

Faites griller les pignons de pin, à sec, dans une poêle antiadhésive, pendant 40 secondes. Répartissez-les sur les assiettes. Servez immédiatement.

Variante

Le brillat-savarin est un fromage de vache, très crémeux, de caractère plus ou moins affirmé suivant son affinage. À défaut, remplacez-le par du fromage frais (Caprice des Anges, Saint-Môret...).

Terrine de foie gras aux figues

6 PERS. // PRÉPARATION : 25 MIN // ATTENTE : 1 H + 10 H + 10 H // CUISSON : 40 MIN

- **1 foie gras d'oie cru de 600 g environ**
- **120 g de figues sèches**
- **2 cuil. à soupe de cognac**
- **1 cuil. à café de quatre-épices**
- **Sel, poivre blanc du moulin**

Déposez le foie gras dans une jatte, couvrez-le d'eau froide et laissez-le tremper pendant 1 h. Égouttez-le, séchez-le dans un linge sans le frotter, puis séparez les deux lobes. Ôtez les éventuelles parties verdâtres et les plus grands vaisseaux sanguins qui sillonnent les lobes, en utilisant un petit couteau pointu.

Rincez et séchez la jatte, remettez-y les deux lobes, saupoudrez-les d'une bonne pincée de sel, de deux ou trois tours de moulin à poivre blanc et de quatre-épices. Arrosez-les avec le cognac. Couvrez d'un film étirable et réservez 10 h au réfrigérateur. Retournez les lobes de temps en temps.

Préchauffez le four à 120 °C (th. 4). Préparez deux terrines : l'une d'environ 1 litre de contenance, munie d'un couvercle, l'autre un peu plus grande. Saisissez le plus grand lobe et déposez-le au fond de la petite terrine. Tassez-le bien. Couvrez-le d'une couche de figues sèches, en les superposant le moins possible, puis déposez le second lobe par-dessus et tassez à nouveau. Couvrez la terrine et déposez-la dans la plus grande. Versez de l'eau dans celle-ci, jusqu'à mi-hauteur environ. Enfournez pour 40 min.

Sortez la terrine du four, laissez refroidir avant d'entreposer au réfrigérateur. Laissez reposer au moins 10 h avant de servir.

Conseil

Un foie gras d'oie ne doit pas excéder 600 g environ (400 g pour un foie de canard). Au-delà de ce poids, sa qualité sera sans doute moindre, et il risque de littéralement « fondre » à la cuisson.

Salade méditerranéenne aux figues fraîches

4 PERS. // PRÉPARATION : 10 MIN // CUISSON : 1 MIN

- 1 salade trévise
- 150 g de roquette
- 8 figues violettes
- 200 g de tomates cerises
- 150 g de feta
- 2 cuil. à soupe de pignons de pin
- 1/2 cuil. à soupe de jus de citron
- 4 cuil. à soupe d'huile d'olive de Crète
- Sel, poivre

Lavez et essorez les feuilles de roquette. Coupez les tomates cerises en deux. Détaillez la feta en cubes. Lavez et essorez la salade trévise, rompez ses feuilles et mettez-les dans un saladier, ajoutez les feuilles de roquette, les tomates cerises et les dés de feta.

Dans un bol, mélangez, dans cet ordre, du sel, du poivre, le jus de citron et l'huile d'olive. Nappez la salade de cet assaisonnement et mélangez délicatement.

Coupez les pédoncules des figues, puis épluchez-les si leur peau est épaisse. Coupez-les en quatre et déposez-les sur la salade.

Faites griller les pignons de pin, à sec, pendant 1 min, dans une poêle antiadhésive, puis ajoutez-les sur la salade avant de servir.

Conseil

La véritable feta est préparée exclusivement au lait de brebis. Vérifiez donc les étiquettes pour bannir toute feta préparée avec du lait de vache ou de chèvre : elles n'auraient ni la saveur ni la texture de leur authentique grande sœur.

Aumônières de figues au chèvre

4 PERS. // PRÉPARATION : 10 MIN // CUISSON : 12 MIN

- 7 figues blanches ou violettes
- 4 grandes et fines tranches de jambon de Parme
- 200 g de mâche nantaise
- 2 picodons mi-secs
- 40 g de cerneaux de noix
- 4 branches de persil
- 1 cuil. à soupe de vinaigre de xérès
- 4 cuil. à soupe d'huile d'olive
- Sel, poivre

Préchauffez le four à 170 °C (th. 5-6). Coupez les pédoncules des figues, puis épluchez-les si leur peau est épaisse. Coupez-en 4 en « fleurs » : entaillez-les largement en croix à partir de la pointe, jusqu'à mi-hauteur, puis écartez leurs « pétales » sans les abîmer.

Déposez les 4 figues ouvertes en fleur au centre des tranches de jambon de Parme. Coupez les picodons en deux et déposez chaque moitié sur une figue. Salez et poivrez légèrement. Effeuillez le persil, ciselez-le et parsemez-en les figues ainsi garnies. Relevez les bords des tranches de jambon vers le haut, et liez-les ensemble, avec des brins de raphia, pour former de jolies aumônières.

Huilez légèrement un plat à gratin, déposez-y les 4 aumônières. Enfournez pour 10 à 12 min.

Pendant ce temps, lavez et essorez la mâche si elle le nécessite. Mettez-la dans un saladier avec les cerneaux de noix. Mélangez dans un bol du sel, du poivre, le vinaigre de xérès et l'huile d'olive, puis nappez la mâche de cette vinaigrette.

Coupez les figues restantes en quatre et déposez-les sur la salade. Servez les aumônières avec la salade de mâche.

Conseil

À la place du raphia, utilisez de longs brins de ciboulette pour refermer vos aumônières. Il suffit de les blanchir 1 min à l'eau bouillante salée, puis de les rafraîchir sous l'eau courante, pour leur donner la souplesse nécessaire à cette opération.

Cuisses de poulet aux figues

4 PERS. // PRÉPARATION : 20 MIN // CUISSON : 57 MIN

- 4 cuisses de poulet fermier
- 12 figues blanches ou violettes
- 40 g de graines de sésame blanc
- 2 cuil. à soupe d'huile d'olive
- 20 cl de jus d'orange
- 2 cuil. à soupe de crème fraîche
- 1 cuil. à café de quatre-épices
- Sel, poivre

Préchauffez le four à 210 °C (th. 7). Déposez les cuisses de poulet dans un grand plat à four. Nappez-les de l'huile d'olive, salez-les et poivrez-les, puis parsemez-les des graines de sésame. Versez 10 cl d'eau dans le fond du plat et enfournez pour 40 min.

Sortez le plat du four et baissez la température à 180 °C (th. 6). Disposez les figues tout autour des cuisses de poulet. Nappez celles-ci de 15 cl de jus d'orange et parsemez le tout du quatre-épices. Enfournez à nouveau pour 15 min.

En fin de cuisson, déposez les cuisses de poulet et les figues dans un plat de service et déglacez le plat à four avec le reste de jus d'orange. Versez le tout dans une petite casserole, ajoutez la crème et faites réduire, à feu vif, pendant 2 min. Nappez le plat de cette sauce avant de servir, avec du riz basmati.

Variante

Cette recette est également succulente avec des cuisses de canard, qui se marient toujours parfaitement au jus d'orange.

Queue de lotte rôtie aux figues

4 PERS. // PRÉPARATION : 15 MIN // CUISSON : 18 MIN

- **1 queue de lotte d'environ 800 g**
- **12 figues blanches ou violettes**
- **150 g de lardons fumés**
- **1 oignon**
- **2 gousses d'ail**
- **10 cl de vin blanc sec**
- **2 cuil. à soupe de crème fraîche épaisse**
- **2 cuil. à soupe d'huile d'olive**
- **Quelques feuilles de sauge**
- **Sel, poivre**

Préchauffez le four à 180 °C (th. 6). Pelez les gousses d'ail, dégermez-les, puis taillez-les en gros éclats. Pelez la queue de lotte (vous pouvez demander au poissonnier de le faire pour vous), puis piquez-la de ces éclats d'ail, en utilisant un couteau pointu.

Faites chauffer l'huile d'olive dans une cocotte allant au four. Faites-y revenir la lotte salée et poivrée, pour la dorer de tous côtés. Pelez et hachez l'oignon, ajoutez-le autour de la lotte, ainsi que les lardons. Faites suer pendant 2 min, puis mouillez avec le vin blanc sec et ajoutez les figues entières et la sauge. Couvrez et enfournez pour 15 min.

En fin de cuisson, débarrassez la queue de lotte sur un plat, entourez-la des figues, couvrez d'une feuille de papier d'aluminium. Posez la cocotte sur le feu, portez à ébullition et ajoutez la crème fraîche. Laissez réduire pendant 1 min, puis servez le poisson et sa garniture avec cette sauce.

Variante

Vous pouvez également débiter la lotte en gros morceaux et les envelopper chacun autour d'une feuille de sauge avec de la ficelle de cuisine. Diminuez alors le temps de cuisson : faites revenir rapidement et ne cuisez au four que 10 min : la lotte ne doit pas être trop cuite !

Magrets de canard aux figues poêlées

4 PERS. // PRÉPARATION : 20 MIN // CUISSON : 40 MIN

- 2 magrets de canard
- 8 figues violettes
- 1 cuil. à soupe de vinaigre de vin rouge
- 1 cuil. à soupe de miel
- 30 g de beurre
- 1 cuil. à soupe de crème liquide
- Sel, poivre

Pour la confiture d'oignons au gingembre

- 5 oignons
- 1 morceau de gingembre d'environ 5 cm
- 50 g de beurre
- 2 cuil. à soupe de cassonade
- 1 cuil. à café de vinaigre de vin blanc
- Sel, poivre

Préparez la confiture d'oignons au gingembre : pelez les oignons, puis coupez-les en deux et émincez-les. Séparez les demi-anneaux avec les doigts. Épluchez le gingembre, puis râpez-le ou hachez-le finement.

Faites fondre le beurre dans une casserole posée sur feu moyen, puis ajoutez les oignons émincés et le gingembre et mélangez. Laissez suer environ 15 min en remuant de temps à autre, puis poudrez de cassonade, arrosez du vinaigre, salez, poivrez et mélangez encore. Baissez le feu. Laissez compoter pendant 5 à 10 min, sans laisser roussir.

Pendant ce temps, quadrillez la graisse des magrets avec un couteau tranchant. Faites chauffer une poêle sur feu moyen et déposez-y les magrets, côté peau dessous. Laissez cuire pendant 5 min environ, puis jetez l'excès de graisse fondue, retournez les magrets et finissez leur cuisson côté chair, pendant 3 à 4 min.

Dans une seconde poêle, faites mousser le beurre sur feu doux, déposez-y les figues entières. Poêlez-les tranquillement, pendant 6 à 8 min, en les remuant de temps en temps.

Une fois les magrets cuits, réservez-les au chaud. Déglacez la poêle avec le vinaigre, ajoutez le miel et la crème et laissez légèrement réduire. Salez et poivrez les magrets avant de les découper en fines tranches. Servez-les entourés d'un cordon de sauce, avec les figues poêlées et une cuillerée de confiture d'oignons au gingembre.

Conseil

Comme le bœuf, le magret est une viande rouge, poêlez-le toujours rapidement.

Foie gras poêlé et purée de figues au monbazillac

4 PERS. // PRÉPARATION : 15 MIN // MACÉRATION : 30 MIN // CUISSON : 22 MIN

- 4 tranches de foie gras cru d'environ 80 g chacune
- Vinaigre de framboise
- Fleur de sel, poivre blanc du moulin

Pour la purée de figues au monbazillac

- 8 figues sèches
- 30 cl de monbazillac
- 30 g de beurre
- Sel, poivre

Conseil

Si une seule recette nécessite de faire chauffer les assiettes de service, c'est bien celle-ci ! En effet, les tranches de foie gras, une fois poêlées, refroidissent très rapidement, et le contact avec l'assiette froide leur fait perdre instantanément une bonne partie de leur chaleur.

Préparez la purée de figues : coupez les figues sèches en gros morceaux, mettez-les dans un bol. Versez le monbazillac par-dessus, salez et poivrez. Laissez macérer pendant 30 min.

Versez le contenu du bol dans une petite casserole, faites chauffer, à feu doux, pendant environ 20 min, en remuant de temps en temps : le vin doit être presque totalement évaporé, et les figues former une compotée. Incorporez alors le beurre, coupez le feu.

Faites chauffer une poêle antiadhésive sur feu assez vif. Déposez-y les tranches de foie gras cru et poêlez-les 30 à 40 secondes de chaque côté. Déposez-les dans les assiettes chaudes, aspergez chaque tranche d'une giclée de vinaigre de framboise et parsemez de fleur de sel et d'un tour de moulin de poivre blanc. Accompagnez d'une cuillerée de purée de figues.

Canette farcie aux figues sèches

6 PERS. // PRÉPARATION : 25 MIN // CUISSON : 1 H 20

- 1 canette d'environ 1,8 kg (idéalement, avec son foie et son gésier)
- 300 g de figues sèches moelleuses
- 200 g de champignons de Paris
- 1 oignon
- 2 gousses d'ail
- 2 cuil. à soupe d'huile d'olive
- 100 g de mie de pain
- 1 bouquet de persil
- Sel, poivre

Préchauffez le four à 180 °C (th. 6). Émincez grossièrement un tiers des figues sèches environ. Pelez et hachez l'oignon et les gousses d'ail. Hachez les champignons de Paris et le persil. Faites tremper la mie de pain dans un peu d'eau, puis essorez-la dans la main, par petites poignées.

Faites chauffer l'huile d'olive dans une sauteuse. Ajoutez l'oignon, l'ail, les champignons et les figues émincées. Ajoutez, si vous les avez, le foie et le gésier de la canette, finement hachés. Salez et poivrez. Faites suer à feu moyen, pendant 7 à 8 min, en remuant de temps en temps. Coupez le feu, puis incorporez le persil et la mie de pain. Mélangez cette farce. Laissez tiédir.

Ôtez la graisse qui subsiste éventuellement à l'intérieur de la canette, puis farcissez-la de la préparation précédente et déposez-la dans un plat à four. S'il y a trop de farce, disposez le surplus autour d'elle, dans le plat, en petites boules.

Ajoutez le reste de figues sèches autour de la canette et enfournez pour 1 h 10. Au cours de la cuisson, arrosez la viande de son jus au moins deux fois.

Conseil

Piquez la peau de la canette avec une fourchette, en plusieurs endroits, avant de l'enfourner : ainsi, sa graisse va progressivement couler par ces trous, laissant une viande fine et délicate.

Lapin aux figues et aux pruneaux

4 PERS. // PRÉPARATION : 15 MIN // CUISSON : 50 MIN

- 1 lapin découpé en morceaux
- 200 g de pruneaux
- 300 g de figues sèches moelleuses
- 3 oignons
- 2 gousses d'ail
- 2 cuil. à soupe d'huile d'olive
- 3 branches de thym
- 8 cl de porto
- Sel, poivre

Pelez et émincez les oignons et les gousses d'ail. Faites chauffer l'huile d'olive dans une cocotte, ajoutez les morceaux de lapin et faites-les revenir de tous côtés, pour bien les colorer.

Ajoutez les oignons et l'ail, mélangez bien et faites fondre pendant 5 min. Ajoutez le thym et arrosez du porto. Salez et poivrez. Baissez le feu au minimum, couvrez et laissez mijoter pendant 25 min.

Ôtez le couvercle de la cocotte, ajoutez 10 cl d'eau, les pruneaux et les figues entières. Mélangez délicatement, couvrez à nouveau et prolongez la cuisson pendant encore 20 min.

Conseil

Le porto donne sa profondeur à ce plat, en imprégnant figues et pruneaux de son arôme. Pour une saveur plus délicate, choisissez du porto blanc.

Tajine d'agneau aux figues

4 PERS. // PRÉPARATION : 20 MIN // CUISSON : 1 H 10

- 4 becquets d'agneau
- 20 figues séchées moelleuses
- 2 oignons
- 2 gousses d'ail
- 2 citrons confits au sel
- 2 cuil. à soupe d'huile d'olive
- 40 cl de bouillon de légumes
- 2 cuil. à soupe de miel d'acacia
- 1 cuil. à café de cumin en poudre
- 1 cuil. à café de cannelle en poudre
- 2 cuil. à soupe de persil ciselé
- 2 cuil. à soupe d'amandes effilées
- 1 cuil. à soupe de coriandre ciselée
- Sel, poivre

Préchauffez le four à 180 °C (th. 6). Pelez et hachez les oignons et les gousses d'ail. Taillez les citrons confits en dés. Faites chauffer 1 cuillerée à soupe d'huile d'olive dans une sauteuse, faites-y revenir les becquets d'agneau salés et poivrés, de tous côtés. Puis déposez-les dans un plat à tajine. Nappez-les de miel.

Faites chauffer le reste d'huile d'olive dans la sauteuse et ajoutez l'ail, l'oignon et les citrons confits. Faites fondre pendant 3 min, puis ajoutez la cannelle, le cumin, le persil et le bouillon. Portez à ébullition, puis versez le tout sur les becquets d'agneau, dans le plat à tajine. Enfournez pour 1 h.

À mi-cuisson, ajoutez les figues sèches. Parsemez le plat de coriandre et des amandes effilées légèrement grillées à sec avant de servir. Présentez en accompagnement une semoule de couscous fine, parfumée à la cannelle.

Conseil

Les becquets d'agneau sont l'extrémité des souris d'agneau, c'est-à-dire ce qui reste du gigot débité en tranches par le boucher. C'est la partie la plus goûteuse de l'agneau, à remplacer par des cubes de gigot ou d'agneau.

Sauté de porc aux figues et aux abricots

4 PERS. // PRÉPARATION : 20 MIN // CUISSON : 1 H 25

- 900 g d'échine de porc
- 8 figues violettes
- 250 g d'abricots secs
- 4 carottes
- 1 tomate
- 2 oignons
- 2 gousses d'ail
- 1 cuil. à soupe d'huile de tournesol
- 20 cl de vin rouge tannique (cahors)
- 1 bouquet garni (persil, thym, laurier)
- Sel, poivre

Détaillez la viande de porc en cubes, salez-les et poivrez-les. Pelez et hachez les oignons et les gousses d'ail. Épluchez les carottes et détaillez-les en rondelles.

Faites chauffer l'huile de tournesol dans une cocotte, ajoutez les cubes de viande et faites-les revenir de tous côtés. Mettez-y les oignons et l'ail, mélangez bien et faites suer pendant 3 min. Ajoutez les rondelles de carotte, la tomate coupée en huit et le bouquet garni. Mouillez avec le vin rouge et 15 cl d'eau, portez à ébullition, puis baissez le feu au minimum et couvrez. Laissez mijoter pendant 40 min.

Ajoutez ensuite les abricots secs. Laissez cuire 20 min supplémentaires.

Goûtez et rectifiez l'assaisonnement. Déposez à leur tour les figues dans la cocotte. Laissez cuire pendant encore 15 min avant de servir.

Conseil

Servez ce sauté de porc avec une polenta relevée au thym et parsemée de parmesan.

Figues mendiantes au mascarpone

4 PERS. // PRÉPARATION : 12 MIN

- **16 figues blanches ou violettes**
- **250 g de mascarpone**
- **80 g de sucre en poudre**
- **40 g de cerneaux de noix**
- **40 g d'amandes mondées**
- **40 g de noisettes entières**

Ôtez les pédoncules des figues, puis fendez-les en quatre, jusqu'à mi-hauteur. Écartez délicatement ces « pétales » et creusez-les précautionneusement d'un tiers de leur chair environ.

Mettez la chair recueillie dans un bol, ajoutez le mascarpone et le sucre en poudre. Battez au fouet à main pour détendre le mascarpone et obtenir un mélange homogène. Ajoutez les fruits secs et mélangez délicatement.

Farcissez les figues creusées de cette préparation et déposez-les sur un plateau de service. Servez en en-cas ou pour le goûter, accompagné de champagne ou d'un vin moelleux.

Variante

Pour une recette aux saveurs plus contrastées, farcissez vos figues de crème glacée à la vanille et nappez-les de caramel encore chaud, qui va durcir instantanément au contact de la glace : fondant, froid et craquant s'affronteront ainsi sans merci sous votre palais.

Cake aux deux figues

8 PERS. // PRÉPARATION : 15 MIN // CUISSON : 1 H

- **6 figues fraîches vertes ou violettes**
- **150 g de figues sèches moelleuses**
- **220 g de farine**
  + 20 g pour le moule
- **1 sachet de levure chimique**
- **150 g de beurre mou**
  + 20 g pour le moule
- **120 g de sucre en poudre**
- **4 œufs**
- **1 cuil. à soupe de miel liquide**
- **1 pincée de sel**

Préchauffez le four à 150 °C (th. 5). Mettez le beurre dans une jatte, ajoutez le sucre en poudre et le miel. Mélangez vigoureusement avec une cuillère en bois, jusqu'à l'obtention d'une pommade homogène. Émincez grossièrement les figues sèches et incorporez-les à cette préparation.

Lavez les figues fraîches, ôtez leur pédoncule, puis passez-les dans la farine. Réservez-les sur une assiette. Tamisez ensemble le reste de farine, le sel et la levure chimique, ajoutez-les au contenu de la jatte. Puis incorporez les œufs entiers, l'un après l'autre, en mélangeant bien entre chacun.

Beurrez et farinez un moule à cake, puis versez la moitié de la pâte. Déposez les 6 figues au milieu, en ligne, puis recouvrez du reste de pâte. Enfournez pour 1 h.

Conseil

Vérifiez la cuisson avec la lame d'un couteau : elle doit ressortir du gâteau propre et sèche.

Petits chaussons pommes-figues aux raisins

POUR 8 CHAUSSONS // PRÉPARATION : 25 MIN // CUISSON : 35 MIN

- **500 g de pâte feuilletée pré-étalée**
- **4 pommes reinettes du Canada**
- **200 g de figues sèches moelleuses**
- **100 g de raisins de Corinthe**
- **80 g de cassonade**
- **1/2 citron**
- **1 sachet de thé Darjeeling**
- **50 g de beurre**
- **2 jaunes d'œufs**
- **1 pincée de sel**

Portez à frémissement 20 cl d'eau, puis versez-la dans un bol. Ajoutez le sachet de thé, laissez infuser 4 min, puis retirez-le. Ajoutez les raisins et laissez-les gonfler pendant 20 min.

Pendant ce temps, pelez les pommes, puis coupez-les en quatre, épépinez-les et détaillez-les en dés. Citronnez-les immédiatement pour qu'ils ne noircissent pas. Émincez grossièrement les figues sèches.

Faites mousser le beurre dans une poêle ou sauteuse posée sur feu doux, ajoutez les dés de pomme et les figues émincées, faites sauter pendant 4 à 5 min, en remuant de temps à autre avec une cuillère en bois. Poudrez de la cassonade, ajoutez le sel, mélangez bien, versez 10 cl d'eau. Couvrez et laissez compoter pendant 10 min.

Préchauffez le four à 200 °C (th. 6-7). Découpez la pâte feuilletée en 8 cercles d'environ 14 cm de diamètre. Égouttez les raisins et incorporez-les à la compotée de pommes et de figues. Déposez la valeur de 2 cuillerées à soupe de cette compotée au centre de chacun des cercles de pâte et refermez-les sur eux-mêmes pour former les chaussons. Collez les bords avec un peu de jaune d'œuf. Striez légèrement le dessus des chaussons avec un couteau aiguisé.

Badigeonnez ces chaussons de jaune d'œuf, au pinceau, et enfournez-les sur deux plaques tapissées de papier sulfurisé pour 18 à 20 min. Laissez tiédir ou refroidir avant de servir.

Conseil

La pâte feuilletée se fait toujours cuire dans un four chauffé à 200 °C : moins chaud, le beurre qui est emprisonné entre les couches de farine commence à fondre avant que celle-ci ne cuise, et elle devient graisseuse. Plus chaud, elle cuit trop rapidement et monte mal.

Gratin de figues aux épices douces

4 PERS. // PRÉPARATION : 6 MIN // CUISSON : 12 MIN

- **8 figues vertes ou violettes**
- **40 cl de crème glacée à la vanille**
- **60 g de beurre**
- **80 g de cassonade**
- **1 cuil. à café de cannelle**
- **1 pincée de noix muscade**
- **1 pincée de gingembre en poudre**
- **1 pincée de sel**

Préchauffez le four à 180 °C (th. 6). Dans un bol, mélangez la cassonade, la cannelle, la noix muscade, le gingembre et le sel.

Beurrez généreusement un plat à four. Ôtez les pédoncules des figues, puis incisez celles-ci en croix jusqu'à mi-hauteur et rangez-les dans le plat beurré. Poudrez-les du mélange de cassonade et d'épices. Déposez une belle noisette de beurre dans chaque figue.

Enfournez pour 10 à 12 min : les figues vont s'ouvrir comme des fleurs. Laissez tiédir 5 min à la sortie du four, puis servez avec la crème glacée à la vanille.

Conseil

D'aucuns apprécient la saveur du beurre salé avec les figues, ne vous privez pas d'essayer ! À servir alors avec une bolée de cidre brut, pour rester dans l'ambiance…

Tarte aux figues

4 PERS. // PRÉPARATION : 12 MIN // ATTENTE : 1 H // CUISSON : 35 MIN

- 600 à 700 g de petites figues violettes
- 80 g de poudre d'amandes
- 70 g de sucre en poudre
- 1 cuil. à soupe de miel d'acacia

Pour la pâte sucrée

- 200 g de farine
- 110 g de beurre ramolli
- 40 g de cassonade
- 1 pincée de sel

Préparez la pâte sucrée en mélangeant, dans une jatte, la farine, la cassonade, le sel et le beurre ramolli. Travaillez les ingrédients du bout des doigts, ajoutez un peu d'eau pour former une boule, que vous enveloppez dans une feuille de film alimentaire. Réservez-la au frais pendant 1 h.

Préchauffez le four à 210 °C (th. 7). Étalez la pâte sucrée, garnissez-en un moule à tarte d'environ 23 cm de diamètre, puis piquez-la avec les dents d'une fourchette. Mélangez la poudre d'amandes avec le sucre, versez cette préparation sur le fond de tarte (réservez-en la valeur de 1 cuillerée à soupe).

Équeutez les figues, puis fendez-les en croix jusqu'à mi-hauteur environ. Déposez-les entières sur le fond de tarte ainsi garni, relativement serrées, pointe tournée vers le haut.

Délayez le miel d'acacia avec 1 cuillerée à soupe d'eau chaude, puis nappez-en les figues. Parsemez du mélange sucre-poudre d'amandes réservé. Enfournez la tarte pour 35 min.

Conseil

Si vos figues sont trop grosses, coupez-les en deux dans le sens de la hauteur et disposez-les dans la tarte, chair tournée vers le haut.

Poêlée de figues et de fruits rouges au miel d'acacia

4 PERS. // PRÉPARATION : 10 MIN // CUISSON : 10 MIN

- 8 figues vertes ou violettes, pas trop mûres
- 4 boules de crème glacée à la vanille
- 250 g de fraises (mara des bois, idéalement)
- 100 g de groseilles
- 150 g de framboises
- 1 meringue du commerce
- 5 cuil. à soupe de miel d'acacia
- Le jus de 1 citron
- 1 cuil. à soupe de crème fraîche
- 70 g de beurre

Faites mousser le beurre dans une sauteuse posée sur feu doux. Ajoutez les figues entières et poêlez-les de tous côtés, pendant environ 8 min, en ayant soin de les retourner délicatement. Prélevez-les et réservez-les au chaud.

Versez le miel dans la sauteuse, montez légèrement le feu. Quand le miel commence à bouillir, ajoutez le jus de citron sans cesser de mélanger. Ajoutez la crème fraîche à son tour, puis laissez pendant 1 min avant de couper le feu.

Disposez 2 figues poêlées dans chaque assiette de service, répartissez les fruits rouges tout autour. Ajoutez une boule de glace à la vanille, parsemez de brisures de meringue. Nappez d'un cordon de sauce au miel et servez le restant en saucière.

Conseil

Tous les miels ne se valent pas, et tous ne conviennent pas à cette recette ! Le miel d'acacia a deux avantages : il est liquide et sa saveur fine ne l'emporte pas sur celle des figues.

Pain perdu brioché et figues panées au sésame

4 PERS. // PRÉPARATION : 20 MIN // CUISSON : 8 MIN

- **8 figues vertes (ou violettes, mais pas trop mûres)**
- **4 belles tranches de brioche**
- **3 cuil. à soupe de farine**
- **4 œufs**
- **20 cl de lait**
- **80 g de sucre en poudre**
- **2 cuil. à soupe de cassonade**
- **80 g de beurre**
- **80 g de graines de sésame blanc**

Cassez les œufs dans un bol, battez-les en omelette, puis versez-les dans une assiette creuse. Tamisez la farine dans une deuxième assiette. Versez les graines de sésame dans une troisième assiette. Faites tiédir le lait avec le sucre en poudre dans une petite casserole, remuez pour dissoudre le sucre, puis versez-le également dans une assiette creuse.

Ôtez le pédoncule des figues, puis entaillez-les en croix et pelez-les délicatement en tirant vers le bas les quatre languettes de peau. Passez les figues, une à une, dans la farine, puis dans l'œuf battu et enfin dans le sésame, en les y retournant bien pour les enrober de tous côtés. Jetez l'excédent de farine, mais conservez les œufs et les graines de sésame restantes.

Faites chauffer 30 g de beurre dans une poêle posée sur feu doux. Disposez-y les figues panées. Laissez-les dorer tranquillement pendant quelques minutes, en les retournant délicatement de temps à autre.

Pendant ce temps, faites mousser les 50 g de beurre restants dans une grande poêle posée sur feu doux. Passez rapidement les tranches de brioche dans le lait sucré, puis dans l'œuf, pour les en enrober. Déposez-les dans le beurre moussant et faites-les dorer 2 à 3 min de chaque côté.

Parsemez les assiettes de service des graines de sésame restantes, puis déposez les tranches de pain perdu et les figues panées. Poudrez de cassonade avant de servir.

Conseil

Complétez ce dessert avec un petit caramel laitier : versez 150 g de sucre en poudre dans un poêlon antiadhésif, faites chauffer sur feu moyen, jusqu'à l'obtention d'un caramel ambré et ajoutez 20 cl de crème liquide. Laissez bouillonner pendant 2 min avant d'en napper figues et pain perdu.

Petites tatins de figues

4 PERS. // PRÉPARATION : 20 MIN // CUISSON : 35 MIN

- **2 rouleaux de pâte feuilletée pré-étalée**
- **12 figues blanches ou violettes**
- **110 g de sucre en poudre**
- **4 cuil. à café de semoule de blé fine**
- **1 filet de jus de citron**
- **40 g de beurre**

Mettez le sucre en poudre dans une petite casserole, ajoutez 1 à 2 cuillerées à soupe d'eau et le filet de jus de citron, faites chauffer à feu moyen. Quand ce caramel prend une couleur ambrée, coupez le feu et versez-le dans 4 moules à tartelettes beurrés. Inclinez-les dans tous les sens pour napper leurs parois de caramel.

Préchauffez le four à 200 °C (th. 6-7). Ôtez les queues des figues, puis coupez-les en deux. Déposez-les dans les moules, chair côté caramel, en les serrant autant que possible sans qu'elles se chevauchent. Saupoudrez chaque tartelette d'une cuillerée à café de semoule de blé.

Découpez 4 cercles de pâte feuilletée, déposez-les sur les tartelettes et rabattez légèrement leurs bords entre les figues et les moules. Appuyez légèrement contre les figues, avec les doigts à plat. Enfournez pour 25 à 28 min (la pâte feuilletée doit être dorée et gonflée, sans commencer à brunir).

À la sortie du four, laissez tiédir quelques minutes avant de démouler. Servez tiède ou froid, avec une boule de glace à la vanille.

Variante

Ces petites tartes Tatin se préparent également avec des figues sèches. Diminuez alors d'un tiers la quantité de caramel et ajoutez quelques quartiers de pommes entre les figues, pour équilibrer le côté sucré des tartelettes.

Crumble mi-figues mi-pêches

6 PERS. // PRÉPARATION : 12 MIN // CUISSON : 30 MIN

- 800 g de pêches jaunes
- 12 figues violettes
- 150 g de beurre
- 80 g de farine
- 70 g de poudre d'amandes
- 120 g de sucre en poudre
- 1 cuil. à café d'eau de fleur d'oranger

Préchauffez le four à 180 °C (th. 6). Beurrez un plat à gratin et mettez le reste de beurre dans une jatte. Laissez-le à température ambiante.

Ôtez le pédoncule des figues, puis entaillez-les en croix et pelez-les délicatement en tirant vers le bas les quatre languettes de peau. Coupez-les en quatre. Pelez les pêches, coupez-les en deux et dénoyautez-les. Coupez en quatre chaque demi-pêche. Disposez dans le plat beurré les morceaux de pêche et les quartiers de figues. Arrosez de l'eau de fleur d'oranger.

Ajoutez la poudre d'amandes, la farine et le sucre en poudre dans la jatte contenant le beurre. Travaillez le tout avec les doigts, puis roulez entre les paumes pour obtenir un mélange sableux. Déposez-le sur les fruits, en tassant le moins possible. Enfournez pour 30 min.

Servez ce crumble avec une quenelle d'excellente crème fraîche...

Variante

Osez un crumble différent en lui incorporant des pistaches concassées. Utilisez alors impérativement des pistaches non salées, et faites-les griller à sec, pendant 30 secondes, dans une poêle antiadhésive pour leur redonner un peu de croquant.

Figues déguisées à l'orientale

4 PERS. // PRÉPARATION : 15 MIN // CUISSON : 30 MIN

- **12 figues blanches ou violettes**
- **120 g de crème fraîche**
- **50 cl de rosé de Provence**
- **100 g de sucre roux**
- **1 bâton de cannelle**
- **2 étoiles de badiane**
- **1 gousse de vanille**
- **1 cuil. à café de baies roses**
- **1 cuil. à café de poivre de Sechuan (facultatif)**

Versez le rosé de Provence dans une casserole, ajoutez le sucre roux et toutes les épices. Portez à frémissement. Laissez frémir pendant 5 min pour laisser le temps à l'alcool de s'évaporer, puis déposez-y 6 figues entières. Laissez-les cuire, à feu doux, pendant 8 min, puis prélevez-les à l'écumoire et déposez les 6 autres à leur place. Faites-les cuire 8 min également.

Prélevez la deuxième fournée de figues comme la précédente, avec une écumoire. Récupérez également les épices, réservez-en une partie pour la décoration.

Montez le feu sous la casserole. Faites réduire à petits bouillons pendant environ 10 min : le sirop doit réduire de deux tiers environ, et épaissir.

Pendant ce temps, disposez 3 figues par assiette de service. Quand le sirop « nappe la cuillère » (voir Conseil), versez-le lentement sur les figues pour qu'il les recouvre. Entreposez au frais. Au moment de servir, déposez une quenelle de crème fraîche dans chaque assiette et décorez avec les épices réservées.

Conseil

Vérifiez que le sirop est suffisamment réduit en tournant vers le haut le côté bombé de la cuillère en bois avec laquelle vous le remuez. Laissez refroidir quelques secondes, puis tracez avec le doigt un sillon dans le sirop qui le recouvre : si le sillon ne se referme pas, le sirop est prêt.

Tian sucré figues-fraises à la menthe poivrée

6 PERS. // PRÉPARATION : 15 MIN // CUISSON : 15 MIN

- **800 g de grosses fraises**
- **10 à 12 figues noires ou blanches pas trop mûres**
- **150 g de poudre d'amandes**
- **60 g de cassonade**
- **20 g de beurre**
- **1/2 bouquet de menthe poivrée**
- **Le jus de 1 citron**

Préchauffez le four à 150 °C (th. 5). Beurrez un plat à gratin, puis saupoudrez-le de poudre d'amandes (réservez-en l'équivalent d'une cuillerée à soupe).

Équeutez les fraises, puis coupez-les en 4 ou 5 lamelles dans la hauteur. Pelez les figues si elles le nécessitent, puis coupez-les en 3 ou 4 lamelles dans la hauteur, suivant leur taille et leur consistance.

Disposez les fraises et les figues dans le plat, verticalement. Effeuillez la menthe et intercalez une partie de ses feuilles, entières, entre les lamelles de fruits. Ciselez les feuilles de menthe restantes et mélangez-les avec la cassonade et la poudre d'amandes réservée. Parsemez le plat de ce mélange.

Arrosez le plat du jus de citron et enfournez pour 15 min.

Conseil

L'idéal est de trancher les figues en fines lamelles, mais ce n'est pas toujours possible, spécialement si elles sont très mûres… Au pire, coupez-les simplement en deux.

Profiteroles glacées au coulis de figues

4 PERS. // PRÉPARATION : 25 MIN // CUISSON : 20 MIN

- 50 g de beurre
- 10 cl de lait
- 125 g de farine
- 3 œufs
- 1 cuil. à soupe de sucre en poudre
- 1 pincée de noix muscade râpée
- 1 pincée de sel
- 50 cl de crème glacée à la vanille

Pour le coulis de figues

- 250 g de figues violettes bien mûres
- 60 g de sucre en poudre
- Le jus de 1 citron

Conseil

Pour façonner facilement des petits tas de pâte à choux, utilisez deux cuillères à café : l'une pour prendre la pâte, l'autre pour la pousser sur la plaque. Trempez-les dans un verre d'eau entre chaque opération. Vous pouvez aussi utiliser une poche à douille si vous en avez une.

Préchauffez le four à 200 °C (th. 6-7). Versez 10 cl d'eau dans une casserole, ajoutez le lait, le beurre, le sel et le sucre en poudre. Portez à ébullition. Ajoutez la farine d'un coup, mélangez vigoureusement avec une cuillère en bois, jusqu'à ce que la préparation décolle des parois de la casserole.

Transvasez la pâte dans une jatte et continuez à la travailler pour la faire tiédir. Incorporez les 3 œufs, l'un après l'autre, puis la noix muscade.

Garnissez une plaque de four d'une feuille de papier sulfurisé et déposez-y des petites cuillerées de cette pâte à choux, bien espacées. Enfournez pour 18 à 20 min.

Pendant ce temps, préparez le coulis de figues : ôtez le pédoncule des figues, puis entaillez-les en croix et pelez-les délicatement en tirant vers le bas les quatre languettes de peau. Mettez-les dans le bol d'un mixeur et ajoutez le sucre en poudre et le jus de citron. Mixez jusqu'à l'obtention d'un coulis.

Quand les choux sont bien gonflés, sortez la plaque du four et laissez-les refroidir.

Juste avant de servir, coupez les choux en deux, garnissez-les de crème glacée et disposez-les dans les assiettes. Nappez-les de coulis de figues.

Petites verrines de figues façon tiramisu

4 PERS. // PRÉPARATION : 20 MIN // ATTENTE : 4 H + 2 H

- 8 figues noires ou violettes
- 200 g de mascarpone
- 2 œufs
- Le jus de 1 citron
- 80 g de sucre en poudre
- 100 g de croquants aux amandes
- 1 sachet de thé Darjeeling
- 1 pincée de sel

Pelez les figues si elles le nécessitent, détaillez-les en tranches assez fines. Disposez-les dans un saladier, en les poudrant entre chaque couche d'un peu de sucre (vous devez en utiliser environ 30 g pour cette opération). Arrosez de jus de citron et laissez macérer pendant 4 h.

Portez à frémissements 20 cl d'eau, puis versez-la dans un bol, ajoutez le sachet de thé et laissez infuser.

Pendant ce temps, cassez les œufs en séparant les jaunes des blancs. Mettez les jaunes dans une jatte, ajoutez le reste de sucre en poudre et fouettez pendant 3 min. Incorporez le mascarpone, mélangez bien. Battez les blancs d'œufs en neige avec une pincée de sel, puis incorporez-les précautionneusement.

Trempez les croquants aux amandes dans le thé, puis répartissez-les dans le fond de 4 coupes. Ajoutez 1 cuillerée de crème de mascarpone, puis répartissez les lamelles de figues macérées. Finissez avec le reste de crème de mascarpone et entreposez au frais pendant au moins 2 h, avant de déguster.

Conseil

Les croquants aux amandes apportent leur saveur douceâtre, qui se marie parfaitement aux figues et à la crème de mascarpone. À défaut, utilisez d'autres biscuits croquants, voire des biscuits à la cuiller.

Confiture de figues aux fruits secs

POUR 3 OU 4 POTS // PRÉPARATION : 15 MIN // MACÉRATION : 5 H // CUISSON : 1 H 15

- **1,8 kg de figues blanches ou violettes**
- **1 kg de sucre cristallisé**
- **1 citron**
- **400 g de fruits secs selon votre choix : amandes mondées, cerneaux de noix, noisettes...**

Ôtez le pédoncule des figues, puis pelez-les si leur peau est très épaisse ou abîmée. Coupez-les en deux dans la largeur, mettez-les dans un saladier. Pressez le citron et arrosez-les de son jus. Recouvrez du sucre cristallisé et laissez macérer pendant 5 h (ou une nuit entière).

Transvasez la totalité du contenu du saladier dans une bassine à confiture et ajoutez les fruits secs. Remuez délicatement. Portez lentement à frémissement. Mélangez le moins possible, n'écumez pas pendant la cuisson. Laissez cuire, à feu doux, pendant environ 1 h 15 : la confiture doit avoir bien pris.

Pendant ce temps, ébouillantez les pots, puis laissez-les sécher à l'air libre (ne les essuyez pas). Une fois la confiture prête, versez-la bouillante dans les pots, refermez-les immédiatement et retournez-les jusqu'à complet refroidissement. Vous éviterez ainsi de les stériliser.

Conseil

Pour vérifier que votre confiture est cuite, prélevez-en une cuillerée et étalez-la sur une assiette froide. Si elle se fige à peine refroidie, c'est qu'elle est cuite.

Chutney de figues vertes

6 PERS. // PRÉPARATION : 20 MIN // CUISSON : 30 MIN

- 300 g de figues vertes
- 2 oignons
- 1 pomme granny smith
- 1 morceau de gingembre frais d'environ 4 cm
- 50 g de raisins secs
- 50 g de cassonade
- 12 cl de pineau des Charentes
- 2 cuil. à soupe d'huile d'olive
- 2 cuil. à soupe de vinaigre de cidre
- 1 feuille de laurier
- 2 brins de thym
- Sel, poivre

Mettez les raisins secs dans un bol, arrosez du pineau des Charentes et laissez gonfler pendant 20 min.

Pendant ce temps, pelez les oignons, coupez-les en deux, émincez-les en rondelles. Pelez le gingembre et râpez-le. Pelez la pomme, épépinez-la et détaillez-la en dés.

Faites chauffer l'huile d'olive dans une sauteuse, ajoutez les rondelles d'oignon, les dés de pomme et le gingembre râpé et faites suer ensemble, à feu doux, pendant 10 min.

Ajoutez les raisins et le pineau des Charentes, la cassonade, le vinaigre de cidre, le thym et le laurier. Salez et poivrez généreusement. Portez à frémissement et laissez cuire, à feu doux, pendant 10 min.

Ôtez les pédoncules des figues, puis coupez-les en quatre. Ajoutez-les dans la sauteuse et mélangez délicatement. Laissez compoter pendant 10 min avant de servir.

Conseils

Servez ce chutney délicat, refroidi, avec une viande blanche parfumée, un jarret de veau ou des suprêmes de pintade, par exemple. Mais il conviendra également, tiède, avec du magret de canard.

Carine Zurbach remercie vivement pour leur gentillesse et leur disponibilité les boutiques citées :
Les Autruches – 32, rue Boulard – 75014 Paris – Tél : 01 43 20 23 62
Cornershop – 3, rue Saint-Paul – 75004 Paris – Tél : 01 42 77 50 88

Dans la même collection
j'aime et je cuisine la courgette
j'aime et je cuisine le citron
j'aime et je cuisine la fraise
j'aime et je cuisine la tomate
j'aime et je cuisine le potiron
j'aime et je cuisine le chocolat
j'aime et je cuisine le concombre
j'aime et je cuisine l'abricot
j'aime et je cuisine le thé

Création graphique-couverture : Laurent Quellet
Création graphique-intérieur : Nord Compo
Mise en pages : Nord Compo
Stylisme des photos : Carine Zurbach
Suivi éditorial : Odile Raoul
Suivi de fabrication : Catherine Maestrati
Photogravure : Nord Compo

Achevé d'imprimer en août 2007
par SNP Leefung en Chine